Der Oze

Olli Shroed

Impressum:
Bibliografische Information der Deutschen Nationalbibliothek.
Die Deutsche Nationalbibliothek verzeichnet diese Publikation
in der Deutschen Nationalbibliografie; detaillierte
bibliografische Daten sind im Internet über http://dnb.d-nb.de
abrufbar.
Veröffentlicht bei Infinity Gaze Studios AB
1. Auflage
Februar 2025
Alle Rechte vorbehalten
Copyright © 2024 Infinity Gaze Studios
Texte: © Copyright by Olli Shark
Lektorat: Barbara Madeddu
Cover, Illustrationen & Buchsatz: V.Valmont @valmontbooks
Infinity Gaze Studios AB
Södra Vägen 37
829 60 Gnarp
Schweden
www.infinitygaze.com

-der ozean in mir-

das leben ist voll von außergewöhnlichen
begegnungen
von unschönen erfahrungen

wir alle gehen durch viele höhen und tiefen
doch wir müssen uns den herausforderungen
stellen
tagtäglich

lasst uns gemeinsam das böse bekämpfen

ihr seid nicht allein

-olli shark-

der ozean -
wut
trauer
enttäuschungen

der ozean
so endlos und weit
so endlos nah und vertraut
und dennoch so fremd
so fremd wie das leben das ich lebe

alleinsein gibt mir die kraft
die mir andere rauben

ich habe dir vertraut
doch du hast einfach darauf herumgetrampelt

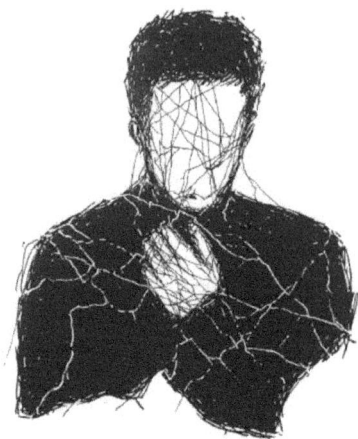

wahre freundschaft ist selten
haben sie gesagt
jetzt weiß ich auch warum

lass mich in ruhe
lass mich alleine
ich brauche einfach nur etwas zeit
um meine energie
die du mir geraubt hast
wieder aufzuladen

unfassbar wie sich einige ins helle licht rücken
nur weil sie mit ihrer unzufriedenheit
nicht klarkommen
aber warum muss man dafür
andere menschen verletzen
das werde ich nie verstehen

die falschheit einiger leute erkennst du daran
wenn sie versuchen der wahrheit zu entfliehen
wenn sie dich mit einer ungewissheit zurücklassen
einer ungewissheit die dich zwar innerlich zerreißt
die dich aber innerlich -langsam- stärker macht

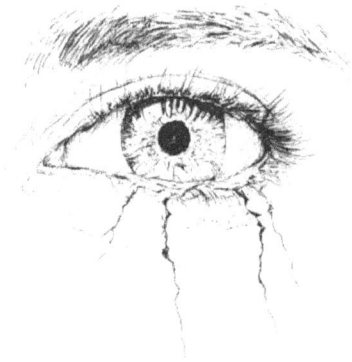

alles was du sagtest war wie ein gefährlicher sturm
wie ein tornado wirbelten deine worte
qualvoll in meinem kopf umher
und haben mein leben letztendlich entwurzelt

vertraue nur dir selbst
denn du kennst dich am besten

unsere freundschaft
war wie die flamme einer kerze
kaum habe ich gepustet
war sie erloschen
und alles wurde dunkel

enttäuschungen kommen immer wieder
du kannst sie nicht ausweichen
aber du kannst lernen damit umzugehen

hoffnungslosigkeit schimmert
in deinen trüben augen
glitzernde tränen rinnen dir die wangen hinab
du möchtest schreien
alles hinter dir lassen
tu es nicht
denn so wie du bist
bist du wundervoll

jede enttäuschung macht uns stärker
aber auch distanzierter und weiser

ich habe tränen für dich vergossen
womit ich einen ganzen ozean hätte füllen können
jetzt möchte ich einfach nur noch darin ertrinken

manchmal tut die wahrheit weh
aber zögere nicht sie auszusprechen
sonst bleibst du für immer dort wo du jetzt bist
in einer welt voller lügen

lügen
lügen tun weh
denk mal darüber nach
was du mir damit angetan hast
falls du überhaupt reue zeigen kannst

ich werde vergeben aber nicht vergessen
denn dafür wurde mein herz zu oft
in tausend kleine einzelteile zerlegt

oftmals fühle ich mich missverstanden
vielleicht weil ich weiß wer ich bin
und weil ich weiß was ich will

ich habe fehler gemacht
aber ich habe zu meinen fehlern gestanden
und das zeigt mehr stärke
als du sie jemals haben wirst

ich fühle mich wie ein ozean
in mir schlummern gefahren
aber nur um mein zerbrechliches ich zu schützen

alkohol
für einen moment stillte er
all meine sorgen und kummer
doch am nächsten morgen
wurde alles nur noch schlimmer

lass die leute erzählen
lass sie tun und machen was sie wollen
denn du kennst dich am besten
und du kannst darauf verzichten
denn wenn sie über dich reden
dann bist du wichtig
-neid-

ich fühle mich leer
ich fühle mich ausgeraubt
meine gefühle sind verschwunden
mein leben fühlt sich so sinnlos an
warum
womit habe ich das nur verdient

siehst du nicht wie schlecht es mir geht
siehst du nicht warum ich gerade zerbreche
nein du siehst es nicht
weil ich dir egal bin

ich werde dich nicht hassen
ich werde dich nur vergessen
das reicht

haie sind intelligente tiere
sie wissen genau wann sie zuschnappen müssen
wenn man mit ihnen spielt
manchmal wünschte ich mir ich wäre wie sie
-höchste bewunderung-

es wird lange dauern bis ich wieder lächeln kann
aber dann werde ich dich auslachen

warum lasse ich mich nur immer wieder ausnutzen
ganz einfach
weil mein herz am rechten fleck ist

es sollte der sommer meines lebens werden
doch du hast ihn ruiniert
und ich war nur noch ein einsamer punkt
auf dieser welt

tränenüberströmt liege ich im bett
sonnenlicht flutet sachte
durch die zugezogene jalousie
ich will nie wieder raus
will nie wieder atmen
will nie wieder das tageslicht
auf meiner haut spüren
ich will nur dass um mich herum
alles dunkel bleibt
für immer
-dabei kann das leben doch so schön sein-

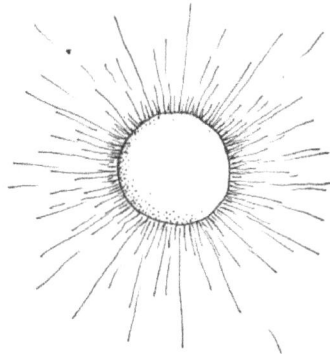

jede einzelne träne erzählt eine geschichte
weil jede einzelne träne vom herzen kommt

meine gefühle wurden missbraucht
also wundere dich nicht warum ich so kühl
geworden bin

meine größter fehler im leben war
dir zu vertrauen

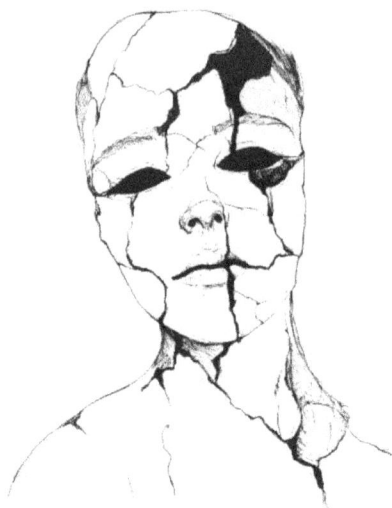

glaube nicht
nur weil ich meine lippen zu einem lächeln forme
und mein leben weiterlebe
dass ich glücklich bin
nein
ich versuche nur meine offenen wunden mit den
leuten zu heilen die mir guttun
trotzdem fühle ich mich immer noch
ausgebrannt und leer

das leben hält für jeden
viele überraschungen bereit
doch ich kann auf sie verzichten

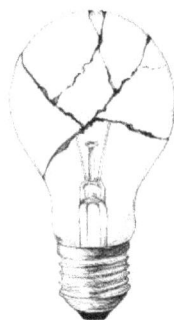

versetz dich doch mal in die lage der menschen
die du verletzt hast
die du enttäuscht hast
die wegen dir zu grunde gegangen sind
findest du das in ordnung
befriedigt es dein armseliges leben

ich falle
ich weine
ich zerbreche
und ich will doch einfach nur glücklich sein

ich möchte in den tiefen der ozeane tauchen
von mir aus auch
mit den gefährlichsten haien schwimmen
hauptsache ich muss dich nie wieder sehen

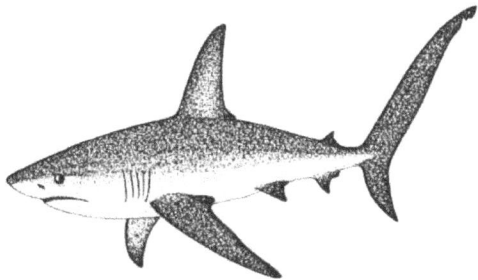

verleihe niemals geld
egal wie sehr du eine person magst

freunde
wahre freunde
kann ich nur an einer hand abzählen
drum werde ich sie mit dieser hand festhalten
und versuchen
sie nie wieder loszulassen
-freunde für immer-

mein leben ist zu wertvoll
um noch mehr zeit mit dir zu verschwenden
denn keiner weiß was morgen ist

jeder einzelne atemzug schmerzt
jedes mal fühlt es sich an als würde ich ersticken
meine haut brennt
weil du mein vertrauen missbraucht hast

vielleicht werde ich irgendwann wieder aufstehen
mich mit einem lächeln im spiegel betrachten
aber noch sind die wunden zu frisch
und voller schmerzen
als dass ich überhaupt
das gefühl von erleichterung verspüre
denn da bin ich leider noch lichtjahre von entfernt

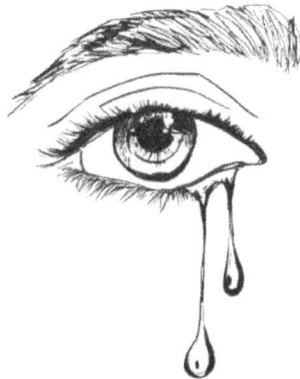

ich sitze auf meiner couch
denke an unsere gemeinsame zeit
dabei werde ich sentimental
aber nicht vor freude

warum bricht man bloß für einen menschen
zusammen
weil es menschlich ist
liebe ist menschlich

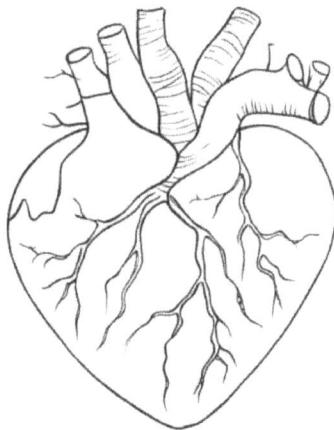

jedes mal muss ich daran denken
wie ich darauf hereingefallen bin
und dieser gedanke erschlägt mich wie eine
gewaltige lawine
hoffentlich wird sie dich auch erschlagen

ich habe verlernt menschen zu vertrauen
weil man niemandem mehr trauen kann

jeder tropfen alkohol
der durch meinen körper fließt
gibt mir das gefühl von schwerelosigkeit
dieses gefühl ist betäubend schön
auch wenn es nicht ewig andauert

falsche freunde erkennst du daran
wenn sie dann wieder in deinem leben auftauchen
wenn du auf einmal erfolg hast
und das nachdem sie dich fallen gelassen haben
als du sie am meisten brauchtest

der schmerz sitzt immer noch tief
tief in meiner seele
also schütte ich noch etwas alkohol hinzu
auf nüchternen magen
das brennt am anfang
so als würde man salz
auf eine offene wunde streuen
aber mit der zeit wirst du damit immer vertrauter
und du fühlst dich leichter
leichter als jemals zuvor

mit wut in meinem bauch
renne ich durch die nacht
hoffe ich werde gesehen
gesehen von den menschen
die aus mir einen depressiven menschen
gemacht haben der nur noch existiert

ich weiß zwar nicht wie sich burn out anfühlt
aber ich habe mitleid mit denen die daran leiden
-ihr seid nicht allein-

gestern hat man dir noch was von liebe erzählt
heute zählt es schon zur vergangenheit

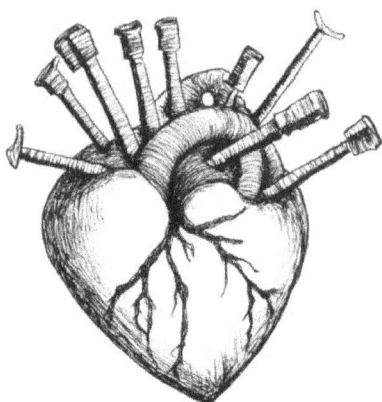

wie kannst du noch so sorgenlos
durch die welt laufen
obwohl du ganz genau weißt
was du anderen angetan hast
ach ja
du hast keinen charakter

ich fühle mich schwach und niedergebrannt
weil man mich zerstört hat
und ich es zugelassen habe

du hast mit mir gespielt
wie eine marionette
hast du mich am seidenen faden so bewegt
wie du es haben wolltest
doch du hast mit meiner inneren stärke
nicht gerechnet
und ich konnte den faden durchschneiden

ich war zu labil und einsam
dass ich die gefahr nicht rechtzeitig entdeckt habe
und es war zu spät

ich weiß wer du bist
ich habe dich studiert
mir kannst du nichts mehr vormachen

die sonne -
hoffnung
ruhe
aufstehen

sonnenlicht flackert durch das offene fenster
ich öffne meine augen
und ich lebe

ich bereue keine entscheidungen
die ich getätigt habe
ich würde auch nie etwas verändern
vielleicht würde ich sie noch mal überdenken
aber sie haben mich zu dem gemacht
der ich heute bin
-ein ehrlicher mensch-

ohne dich kann ich wieder atmen
ich dachte ich würde dieses gefühl
nie wieder spüren

ich bin gerne allein
mit mir bin ich am besten im reinen
und das möchte ich mir
von niemanden mehr nehmen lassen

sonne auf meiner haut zu spüren
fühlt sich so seltsam vertraut an
weil ich durch zu vielen niederlagen
mich zu lange
unter meiner bettdecke verkrochen habe

ich stehe auf
weil ich ein kämpfer bin
und ich werde siegen
weil ich ein gewinner bin
-selbstbewusstsein-

ich lasse mich nie wieder
von irgendjemanden beeinflussen
durch all die enttäuschungen habe ich gelernt
mich nur noch selber zu beeinflussen

ich habe mich zu oft
und von zu vielen menschen
verarschen lassen
doch jetzt ist meine zeit gekommen
all die arschtritte zurückzugeben
die ich einstecken musste

sie haben über mich gelacht
sie haben hinter meinen rücken über mich geredet
aber mittlerweile prallt alles ab
weil sie mein selbstbewusstsein gestärkt haben
danke dafür
und danke dass ihr eure zeit mit mir verschwendet
habt

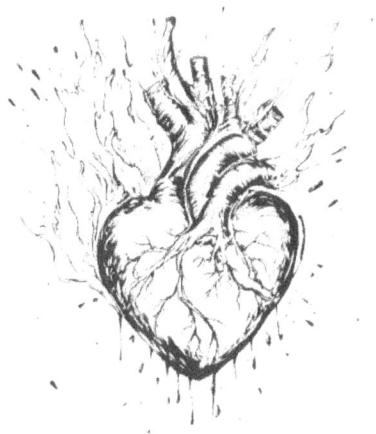

lange habe ich mich versteckt
habe mich verkrochen
aus angst wieder verletzt zu werden
doch damit ist jetzt schluss
ich konnte meine batterie wieder aufladen
um der welt mein kraftvolleres ich zu präsentieren

glaube an dich und deine ziele
dann wirst du alles schaffen

denke immer daran
du bist wunderschön so wie du bist
du bist perfekt so wie du bist
und sollte irgendjemand versuchen dies zu ändern
dann lass ihn gehen

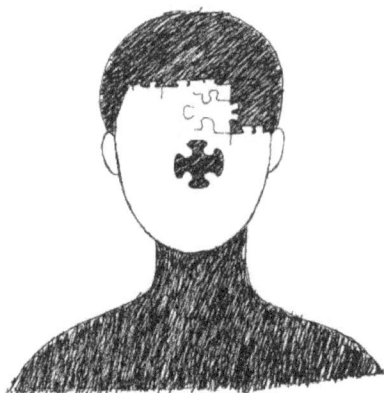

der glanz in deinen augen ist verschwunden
weil du benutzt wurdest
aber bald werden sie wieder funkeln
weil du großartig bist
-bleib dir selber treu-

ich lag am boden
und du hattest genüsslich dabei zugeschaut
doch du hast mit meiner stärke nicht gerechnet
damit habe ich dir den boden unter den füßen
weggezogen

nur die sonne allein
kann mich nicht glücklich machen

das leben verspricht dir so viel
leider auch viele enttäuschungen

hoffnung schimmert in meinen augen
die hoffnung endlich anzukommen
endlich glücklich zu sein
endlich ein zufriedenes leben führen zu können
doch dann treten immer wieder
diese menschen in mein leben
menschen die einem alles
was man sich aufgebaut hat zerstören wollen
menschen die einem nichts gönnen
die in dir das nächste opfer sehen
die dich herunterdrücken
bis du keine luft mehr bekommst
und das nur damit sie ihre eigene unzufriedenheit
befriedigen können
und sich besser fühlen
damit sie ihre persönlichkeit weiter stärken
doch diese menschen haben keine persönlichkeit
sie haben eine persönlichkeitsstörung
-lass es bitte nicht zu-

nur du ganz allein entscheidest
deinen nächsten schritt
niemand anderes
denn es ist dein leben

verstell dich nicht für andere und sprich deine
gedanken laut aus

schmerzerfüllt stand ich am abgrund
wollte nicht mehr
wollte alles aufgeben
hinter mir lassen
doch dann hatte ich diesen traum
der mir deuten wollte
dass das leben zu kurz und zu kostbar ist
um es von jetzt auf gleich wegzuwerfen
denn man hat nur dieses eine leben

nun liege ich hier am pool
mit einem cocktail in der hand
und versuche wieder zu leben
zu atmen
all die furchtbaren dinge
aus meiner vergangenheit abzuschütteln
dich mich wie dicke hagelkörner erschlugen

du siehst alle meine storys
meldest dich aber nur wenn du etwas brauchst
ich dachte wir wären freunde

manche personen liken alle deine bilder
obwohl sie behauptet haben
eure beziehung zueinander ist aussichtslos
aber warum liken sie alles
ganz einfach
sie möchten dass du reagierst
dass du den ersten schritt machst -wieder-
mach es nicht
lass sie zurück
das ärgert sie am meisten

betrübt blicke ich zu dem
majestätisch schönen sonnenuntergang
ich sollte glücklich sein und den moment genießen
doch böse erinnerungen fressen mich innerlich auf

warmer sand unter meinen bloßen füßen
fruchtig schmeckender alkohol in meiner kehle
das ist alles was ich gerade brauche
um glücklich zu sein
und diesen moment wirst du nicht mehr zerstören

ich habe verlernt zu lachen
weil unsere freundschaft nichts anderes
als gift für mich war
erst als du fort warst
kam mein lachen wieder

du hast mir anschuldigungen an den kopf geworfen
dabei hast du alles kaputt gemacht hat

ich weiß
es gefällt dir nicht
dass ich wieder lache
drum lache ich jetzt noch lauter

in der ruhe liegt die kraft
haben sie gesagt
aber meine kraft braucht gerade ruhe

die nacht -
gedanken
leben
liebe

gedankenverloren liege ich wach
blicke an die decke
grübel nach
kämpfe mit den tränen
ich will nicht schlafen
will aber auch nie wieder aufwachen

in der dunkelheit fühle ich mich am wohlsten
denn dort lassen sich meine tränen am besten
kaschieren

musik verbindet
musik heilt
musik macht glücklich
musik macht traurig
was wäre die welt nur ohne musik

ich würde dir gerne etwas sagen
danke dass es dich gibt
du hast mich wieder aufgebaut
nachdem ich zusammengefallen bin
als ich all meine kraft verloren habe
als ich wie von einem erdbeben verschüttet
und verschluckt wurde
doch du hast mich gerettet
denn deine freundschaft
bedeutet mir so unendlich viel
denn deine empathie
war die heilung meines lebens
schritt für schritt hast du mein herz
wieder zusammengeflickt
sorgfältig hast du meine fehlenden puzzelteile
wieder zusammengesetzt
und aus mir wieder
einen vollständigen menschen gemacht
danke
-i heart you-

vergrabe all deine sorgen
sähe ein paar samen hinzu und schau
was sich daraus entwickelt
denn aus jeder niederlage
entspringt auch etwas positives
vielleicht sogar die blüte deines lebens
-hab geduld-

freundschaft ist etwas
wovon nicht jeder profitieren kann
drum sei dankbar für die menschen
die an deiner seite sind
und die für dich alles tun würden

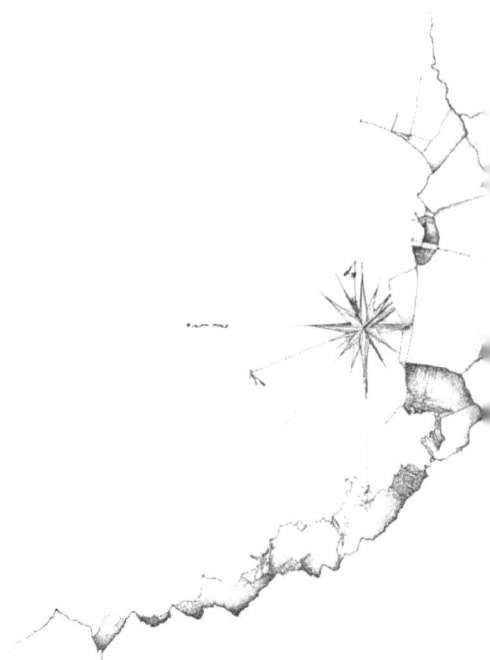

mitten in der nacht bin ich am kreativsten
weil das tageslicht mich zu sehr ablenkt
und mich daran erinnert
dass ich lebe

sei dankbar für jeden atemzug
sei dankbar für das was du hast
denn es gibt menschen da draußen
die jeden einzelnen tag ums überleben kämpfen

ich renne schweigend
durch die warme sommernacht
allein
denn so kann ich am besten neue kraft schöpfen

das gefühl für jemanden sterben zu wollen
und du nichts anderes als ablehnung dafür erntest
ist wie eine bitterliche lähmung
im inneren deines geistes
es verursacht ein grässliches brennen
in deinem magen
in deinem gesamten körper
halte durch
denn diese erfahrung macht dich nur stärker

liebe ist etwas einzigartiges
und doch ist sie so selten

ich habe den appetit verloren
wegen dir
ich habe den mut verloren
wegen dir
ich habe mein lachen verloren
alles wegen dir
doch irgendwann blicke ich in den spiegel
selbstbewusst
mit einem weiseren und erfahrenen ich
und du wirst mich nicht stoppen können

es gibt menschen
die warten extra auf eine entschuldigung
obwohl sie wissen
dass nicht du der schuldige bist
lass diese menschen gehen
sie müssen nur ihr ego stärken

weinend liege ich wach
der mond schimmert in heller pracht
auf die erde hinab
und verleiht mir das gefühl
nicht alleine zu sein

kraftlos laufe ich durch das triste grau
kälte bohrt sich durch meinen müden körper
spüre sie tief bis in meine knochen
-ich lebe-

manchmal spüre ich meine beine nicht mehr
weil ich nur noch leuten hinterherlaufe
die es nicht wert sind
davon gibt es leider viel zu viele

ich habe nicht viele ansprüche im leben
aber ich möchte mit demselben respekt
behandelt werden
mit dem ich dir auch gegenübertrete

trauer nicht der vergangenheit hinterher
du kannst sie eh nicht mehr ändern
also lebe im hier und jetzt

wundere dich nicht wenn die wand irgendwann
mal ganz nah ist
und deine bremsen nicht funktionieren

was ist liebe
was ist freundschaft
was ist enttäuschung
eines weiß ich
sie alle sind miteinander verbunden
am ende kommt nämlich
immer nur eine enttäuschung

ich bin zwar nur ein winziger punkt im universum
aber ich kann vieles bewirken

das gefühl
ganz allein in einem dunklen raum zu sein
ist der anfang einer depression

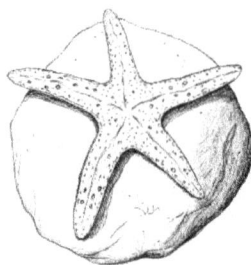

die nacht geht langsam zu ende
meine augen brennen
in meinem magen ist ein großes loch
aber nicht vor hunger
sondern vor mutlosigkeit und verzweiflung

ich bin drüber hinweg
und warte
warte auf die nächste enttäuschung

das leben ist zu kurz
um einer person hinterherzutrauern
die dich von anfang an nur verarscht hat

und auf einmal warst du weg
so als wären wir uns nie im leben begegnet
als wäre alles nur eine illusion in meinem
unterbewusstsein gewesen

sehnsucht nach dem ungewissen kann dich
zerreißen

ich brauche zeit
zeit um dir wieder zu vertrauen
zeit um all das zu vergessen
einfach nur zeit
denn du hast mir viel zu viel zeit geraubt

gib mir nadel und faden
dann kann ich meine wunden wieder zunähen
die du immer wieder aufgerissen hast

unsere freundschaft war wie eine butterblume
-kurz-
dann wurde sie zur pusteblume
und der wichtigste teil war fort
wie vom winde verweht

du brauchst keine romantische beziehung
wenn du mit dir selbst zufrieden bist
wenn du freunde hast
die dein leben vollständig machen
denn eine beziehung
kann die stabilität deines lebens
von jetzt auf gleich wieder zerstören

steh auf
die nacht ist vorbei
ein neuer tag beginnt
du lebst
also mach dich bereit
und sei dankbar
sei dankbar
dass du noch hier bist
auf dieser kostbaren welt

Mehr Informationen zu
Olli Shark auf Instagram:

@ollishark.autor

Eine Welt voller Bücher

Unvergessliche Abenteuer
Faszinierende Charaktere
Neue Welten und Ideen

Bei Infinity Gaze endet
die Lesereise nie!

Jetzt entdecken unter:
www.infinitygaze.com

9 783384 548566